BEI GRIN MACHT SICH IHR WISSEN BEZAHLT

- Wir veröffentlichen Ihre Hausarbeit,
  Bachelor- und Masterarbeit

- Ihr eigenes eBook und Buch -
  weltweit in allen wichtigen Shops

- Verdienen Sie an jedem Verkauf

Jetzt bei www.GRIN.com hochladen
und kostenlos publizieren

Jonas Blaser

Die Rolle von Gentests bei der Vergabe von Arbeitsplätzen

GRIN Verlag

Bibliografische Information der Deutschen Nationalbibliothek:

Die Deutsche Bibliothek verzeichnet diese Publikation in der Deutschen National-
bibliografie; detaillierte bibliografische Daten sind im Internet über http://dnb.d-
nb.de/ abrufbar.

Impressum:

Copyright © 2011 GRIN Verlag, Open Publishing GmbH
Druck und Bindung: Books on Demand GmbH, Norderstedt Germany
ISBN: 978-3-656-56724-0

Dieses Buch bei GRIN:

http://www.grin.com/de/e-book/190186/die-rolle-von-gentests-bei-der-vergabe-
von-arbeitsplaetzen

GRIN - Your knowledge has value

Der GRIN Verlag publiziert seit 1998 wissenschaftliche Arbeiten von Studenten, Hochschullehrern und anderen Akademikern als eBook und gedrucktes Buch. Die Verlagswebsite www.grin.com ist die ideale Plattform zur Veröffentlichung von Hausarbeiten, Abschlussarbeiten, wissenschaftlichen Aufsätzen, Dissertationen und Fachbüchern.

Besuchen Sie uns im Internet:

http://www.grin.com/

http://www.facebook.com/grincom

http://www.twitter.com/grin_com

Schuljahr:

2010/11

Abiturjahrgang: 2012

FACHARBEIT

im Seminarfach C

Thema: **Die Rolle von Gentests bei der Vergabe von Arbeitsplätzen**

Verfasser: Jonas Blaser

_____

Unterschrift des Schülers

Kursleiterin:

Ausgabetermin: 02.03.2011

Abgabetermin: 13.04.2011

Note: _____

Punktzahl: _____

_____

Kursleiter(in)

Inhaltsverzeichnis

1. Einleitung

„50 000 Verbrecher in Berlin zum Gen-Test [sic]"[1]

„Massen-Gentest soll 20 Jahre alten Mord aufklären"[2]

Immer wieder liest man Überschriften wie diese, bei denen Gentests zur Aufklärung von Morden, Überfällen oder ähnlichem helfen sollen. Eine weitere bekannte Anwendung der Gentests sind die Vaterschaftstests. Ist eine Mutter unsicher darüber, wer der Vater ist, kann mit Hilfe eines einfachen Speichelabstriches im Labor festgestellt werden, wer der Erzeuger ist.

Bei diesen Überschriften stellte sich mir im Bezug auf das Thema „Mensch und Medizin" die Frage, wie die Gentests funktionieren und welche rechtlichten Grundlagen es dabei gibt. Des Weiteren wollte ich wissen, ob und wenn ja, wie Gentests in anderen Bereichen genutzt werden können. Außerdem werde ich die Gentests hinsichtlich ihrer Aussagekraft und ethischer Aspekte bewerten.

2. Grundlagen der Gentests

2.1. Vorbereitungen

Bevor Gentests mit der Desoxyribonukleinsäure (im Folgenden als DNA bezeichnet) durchgeführt werden können, muss diese aus den Zellen gewonnen werden. Dort liegt die aus Desoxyribonukleotiden[3] bestehende Trägerin der Erbinformation in Form einer Doppelhelix vor. Ebenso wie zur Vervielfältigung gibt es auch zur Isolation der DNA ein Standardverfahren, welche im Folgenden erläutert werden.

2.1.1. DNA Gewinnung

Bei der Isolation der DNA muss zunächst die Zellmembran aufgespalten werden. Dies wird mit Hilfe von Tensiden[4] durchgeführt, die durch ihre Grenzflächenaktivität die Lipiddoppelschicht auflösen. Durch kurzes Erhitzen wird dieser Vorgang beschleunigt, außerdem werden Enzyme, welche die DNA zerstören könnten, denaturiert[5]. Nun liegen alle Zellbestandteile zusammen vor. Um hiervon nur die DNA zu erhalten, erfolgt eine Fällung mit eiskaltem Alkohol. Hierbei wird die Struktur der DNA destabilisiert, indem die

---

[1] Keikus, Claudia/ Mahmoud, Karim/ Schacht, Holger (2000): „50 000 Verbrecher in Berlin zum Gen-Test" In: Berliner Kurier, 19.2., S.2
[2] Wittge, Maren (2011): „Massen-Gentest soll 20 Jahre alten Mord aufklären" In: Berliner Morgenpost, 22.3.
[3] Kurz: Nukleotid; bestehend aus jeweils einem Zucker, einem Phosphat und einer Base
[4] Moleküle, bestehend aus einer unpolaren Alkylgruppe und einer polaren funktionellen Gruppe
[5] Strukturelle Veränderung der Enzyme, die dadurch nicht mehr aktiv sind

stabilisierende Hydrathülle um die Phosphatreste der DNA verdrängt wird. Nun fällt die DNA aus und wird sichtbar.

2.1.2. Polymerase-Kettenreaktion

Die aus Schritt 2.1.1. erhaltenen DNA Stücke sind aufgrund ihrer Kürze und geringer Anzahl nur schwer im Labor zu bearbeiten. Die Polymerase-Kettenreaktion (PCR) ist eine Technik zur Vervielfältigung dieser spezifischen DNA-Sequenzen.

In einem Reaktionsgemisch liegen die doppelsträngige DNA, Polymerasen, Primer und Nukleotide vor. Beim ersten Schritt der PCR wird durch Erhitzen bei ca. 95°C die doppelsträngige DNA in zwei Stränge geteilt (Denaturierung). Beim Abkühlen des Gemisches auf etwa 50°C setzen sich die Primer, welche aus etwa 15-30 Nukleotiden bestehen, an die Startsequenzen der jeweiligen DNA Stränge fest (Hybridisierung). Im folgenden Schritt (bei 72 °C) werden die Polymerasen aktiv, die von den Primern an die jeweiligen Stränge mit den Nukleotiden komplementieren (Polymerisation).

> Verwendet wird vor allem die hitzestabile Taq-Polymerase, die ein ungewöhnliches Temperaturoptimum von 72°C besitzt. Dieses Enzym wurde in Bakterien (Thermus aquatics) entdeckt, die in heißen Quellen leben und deren Enzyme an diese extremen Temperaturbedingungen angepasst sind.[6]

Durch ständiges Wiederholen dieser Schritte verdoppelt sich jedes Mal die Anzahl der DNA-Moleküle. Nach 20 Zyklen liegen somit theoretisch schon 1.048.576 Moleküle vor, mit denen man nun im Labor arbeiten kann.

2.2. Karyogramm-Analyse

Bei der Karyogramm-Analyse wird nach Chromosomen- und Genommutationen[7] gesucht, welche durch physikalische (z.B. Strahlung) oder chemische (z.B. krebserregende Stoffe) Mutagene[8] und auch durch Fehler bei der Meiose[9] entstehen können. Bei einer Chromosomenmutation unterscheidet man zwischen vier Fällen. Bei der Deletion geht ein Chromosomenstück verloren. Werden Chromosomenstücke verdoppelt, spricht man von einer Duplikation. Bei der Inversion werden Chromosomenstücke verkehrt herum eingebaut und bei der Translokation werden Chromosomenstücke nicht-homologer[10] Chromosomen ausgetauscht.

---

[6] Kleinert, Reiner / Ruppert, Wolfgang / Stratil, Franz X. (2010): Mehr Erfolg in Biologie Abitur, Genetik, München [u.a.], S. 151
[7] Veränderung der Chromosomenanzahl
[8] äußere Einwirkungen, die Mutationen auslösen
[9] Zellkernteilung, bei der aus einer diploiden Zelle vier haploide Zellen entstehen.
[10] Chromosomen, die nicht die gleichen Gene enthalten

Um ein Karyogramm zu erstellen werden bei der Metaphase[11] die Chromosomen mit einem Toxin[12] (meist Colchizin[13]) versetzt. Das Gift verhindert die Ausbildung der Spindelapparate wodurch die Chromosomen nicht zu den Zellpolen wandern können. Nun werden die Chromosomen durch eine Giemsa-Färbung[14] sichtbar gemacht und unter einer 800-fachen Vergrößerung fotografiert. Aus dem entstandenen Bild werden die einzelnen Chromosomen ausgeschnitten und zu einem Karyogramm sortiert.

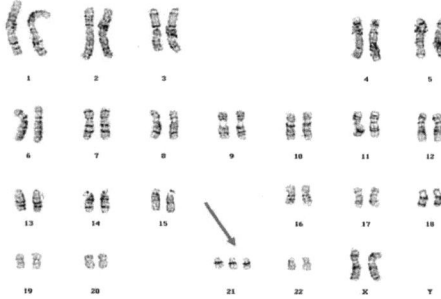

Abb. 1: Karyogramm bei Trisomie 21
(http://www.humangenetik-bremen.de/Trisomie21.jpg)

Ein Beispiel einer mit dieser Methode diagnostizierbaren Krankheit ist die Trisomie 21 (auch Down-Syndrom), bei der das 21. Chromosom dreifach vorliegt und die betroffene Person dadurch meist geistig behindert ist.

2.3. DNA Sequenzierung

Unter der DNA Sequenzierung versteht man das Bestimmen der genauen Abfolge der einzelnen Basenpaare der DNA, die dann zu Vergleichsuntersuchungen benutzt werden können.

2.3.1. Pyrosequenzierung

Pal Nyren und Mostafa Ronaghi aus Schweden entwickelten 1996 die Pyrosequenzierung, welche durch Weiterentwicklungen früherer Methoden die DNA schneller und kostengünstiger sequenziert. Bei der Pyrosequenzierung liegt der zu analysierende DNA Abschnitt einzelsträngig vor. Die DNA-Polymerase wird bei dieser Methode dabei

---

[11] Dritte Phase der Mitose (Zellkernteilung)
[12] Gift
[13] Wirkstoff der giftigen Pflanze Herbstzeitlose
[14] Färbeverfahren, benannt nach dem Hamburger Chemiker Gustav Giemsa

„beobachtet", wie sie ausgehend von einem Primer die Nukleotide an den Einzelstrang anhängt.

Es liegen die DNA, die DNA-Polymerase, die ATP-Sulfurylase, die Luziferase, die Apyrase ebenso wie die Substrate Adenosinphosphosulfat (APS) und Luziferin vor. Nacheinander werden zu dem Gemisch die unterschiedlichen Nukleotide hinzugegeben. Wenn nun die komplementäre Nukleotidsorte eingebaut wird, wird Pyrophosphat freigesetzt. Durch das Enzym ATP-Sulfurylase wird dieses in Anwesenheit von APS zu Adenosintriphosphat (ATP) umgewandelt. Das ATP bewirkt dann den Start der Luziferase-Reaktion, wobei Luziferin in Oxyluziferin verwandelt wird und ein detektierbares Lichtsignal entsteht.[15] Die Stärke des Lichtsignals ist abhängig von der Anzahl der verbauten Nukleotide einer Sorte, da proportional dazu die Anzahl des produzierten ATPs steigt. Dieses Signal wird dann von einer speziellen Kamera aufgenommen und in einem Diagramm dargestellt. Die übrigen Nukleotide und das überschüssige ATP werden dann von der Apyrase entfernt, damit die Reaktion mit einer anderen Sorte der Nukleotide beginnen kann. Wenn ein nicht passendes Nukleotid eingebaut wird, bleibt die Reaktion aus und es entsteht kein Lichtblitz.

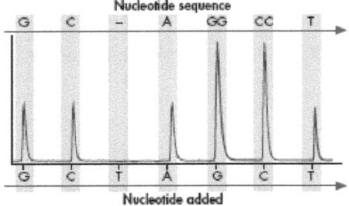

Abb. 2: Ergebnis einer Pyrosequenzierung
(http://www.pyrosequencing.com/DynPage.aspx?id=7454&mn1=1366&mn2=1367)

Auf der Abbildung sieht man, wie aus den hinzugefügten Nukleotiden durch die verschieden starken Lichtblitze die DNA Sequenz gedeutet werden kann. Bei passenden Nukleotiden entsteht ein einfacher Lichtblitz, was bedeutet, dass dieses Nukleotid einfach in die DNA Sequenz gehört. Wenn ein stärkerer Lichtblitz aufgenommen wird (wie beim zweiten G und C), kann man daraus schließen, dass mehrere (in diesem Fall zwei) Nukleotide eingebaut worden sind. Bei einem nicht eingebauten Nukleotid (das erste T) entsteht kein Lichtblitz. Aus der hinzugegeben Reihe GCTAGCT kann nun die DNA

---

[15] Vgl. Lukas, Nina (2003): Identifizierung und elektrophysiologische Charakterisierung von Mutationen im cardialen Ca2+-Freisetzungskanal/Ryanodin-Rezeptor, Bochum, S. 93

Sequenz GCAGGCCT geschlossen werden. Diese Sequenz wird abschließend mit einer Datenbank verglichen und kann mögliche Krankheiten voraussagen.

3. Rechtlichte Grundlagen

Da mittlerweile nicht mehr nur Ärzte Gentests durchführen, bei denen das Patientengeheimnis bzw. die ärztliche Schweigepflicht die genetischen Daten schützt, sondern auch Firmen dies aus kommerziellen Gründen anbieten, gilt es die genetischen Daten des Patienten vor einem Missbrauch zu schützen.

3.1. Gendiagnostikgesetz

Das Gendiagnostikgesetz (GenDG) trat am 1. Februar 2010 und befasst sich mit der Regelung genetischer Untersuchungen am Menschen.

> Zweck dieses Gesetzes ist es, die Voraussetzungen für genetische Untersuchungen und [...] genetische Analysen sowie die Verwendung genetischer Proben und Daten zu bestimmen und eine Benachteiligung auf Grund genetischer Eigenschaften zu verhindern, um insbesondere die staatliche Verpflichtung zur Achtung und zum Schutz der Würde des Menschen und des Rechts auf informationelle Selbstbestimmung zu wahren.[16]

3.1.1. Benachteiligungsverbot

Paragraph 4 des Gendiagnostikgesetzes beinhaltet das Benachteiligungsverbot. Es verbietet die Benachteiligung einer Person auf Grund seiner oder der genetischen Eigenschaften einer genetisch verwandten Person. Außerdem darf keine Benachteiligung wegen einer durchgeführten bzw. nichtdurchgeführten genetischen Untersuchung oder wegen des Ergebnisses einer solchen Untersuchung erfolgen.[17]

3.1.2. Informationelle Selbstbestimmung

Die informationelle Selbstbestimmung[18] wird im GenDG ausführlich beschrieben.
Eine genetische Untersuchung darf nur erfolgen, wenn die betroffene Person ausdrücklich und schriftlich der Untersuchung zugestimmt hat.[19] Außerdem muss er ebenfalls der Gewinnung der genetischen Probe zustimmen, wodurch verhindert wird, dass heimlich eine Probe genommen wird. Diese Einwilligung kann jederzeit widerrufen werden.

---

[16] Bundesministeriums der Justiz (2009): Gesetz über genetische Untersuchungen bei Menschen (Gendiagnostikgesetz - GenDG), S.2
[17] a.a.O., S.4
[18] Recht des Einzelnen über seine personenbezogene Daten zu bestimmen
[19] a.a.O., S.5

Vor der Einwilligung ist die betroffen Person über die Untersuchung aufzuklären. Dabei soll insbesondere Zweck, Art, Umfang, Aussagekraft und Ergebnis der genetischen Untersuchung erläutert werden. Des Weiteren muss der Patient über die gesundheitlichen Risiken aufgeklärt werden, die mit der Gewinnung des genetischen Untersuchungsmaterials zusammenhängen. Außerdem muss der Patient über seine Rechte auf Widerruf und Nichtwissen aufgeklärt werden. Erst dann ist eine Untersuchung möglich.

Das Ergebnis der Untersuchung darf nur mit einer vorliegenden Einwilligung der getesteten Person verkündet werden. Hier kann das Recht auf Nichtwissen greifen. Denn jeder kann selbst entscheiden, ob er mit der Belastung über mögliche zukünftige gesundheitlichen Einschränkungen leben will. Wenn die Person nach dem Test das Ergebnis nicht mitgeteilt bekommen möchte, darf es ihm nicht mitgeteilt werden. Die Ergebnisse werden daraufhin auf Wunsch des Patienten vernichtet.

Der einzelnen Person werden also genug Sicherheitsvorkehrungen eingeräumt, um seine genetischen Informationen zu schützen.

3.1.3. Anwendungsbereiche

Genetische Untersuchungen im Versicherungsbereich sowie im Arbeitsleben werden ebenfalls im GenDG geregelt.

Die Versicherung darf weder vor noch nach dem Versicherungsabschluss fordern, eine genetische Untersuchung durchzuführen. Ebenso darf auch nicht zur Mitteilung von Ergebnissen aus früheren Gentests gezwungen werden. Es gibt jedoch eine Ausnahme davon. Wenn die Versicherungssumme bei einer Lebens-, Berufsunfähigkeits- oder Pflegerentenversicherung 300.000 Euro überschreitet, dürfen die Versicherungen nach Ergebnissen von Gentests fragen.[20] Dies gilt ebenso für eine jährliche Rente von über 30.000 Euro. Die meisten Kunden sind davon jedoch nicht betroffen.

Auch im Arbeitsleben darf der Arbeitgeber keine Untersuchung beziehungsweise das Ergebnis einer schon durchgeführten Untersuchung fordern. Zusätzlich spezialisiert § 21 das Benachteiligungsverbot im arbeitsrechtlichen Sinne. Ein Arbeitgeber darf Entscheidungen, wie z.B. Beendigung eines Beschäftigungsverhältnisses, nicht auf genetische Eigenschaften des Arbeitnehmers begründen. „Dies gilt auch, wenn sich Beschäftigte weigern, genetische Untersuchungen [...] bei sich vornehmen zu lassen oder die Ergebnisse bereits vorgenommener genetischer Untersuchungen [...] zu offenbaren"[21] .

---

[20] Bundesministeriums der Justiz (2009), S.10
[21] A.a.O., S.11

4. Aussagekraft der Gentests

4.1. Monogene Krankheiten

Von monogenen Krankheiten spricht man, wenn die Basenfolge eines einzelnen Gens mutiert ist. Die Ausbildung der Erkrankung ist darauf zurückzuführen, dass der Bauplan für ein ganz bestimmtes Protein gestört ist. Fast immer sind dies schwere und seltene Erkrankungen[22], wie z.b. die Mukoviszidose, bei der man 1989 herausfand, dass auf Chromosom 7 ein Gen mutiert ist, wodurch die Viskosität[23] der Körperflüssigkeiten erhöht wird und dadurch die Funktion lebenswichtiger Organe beeinträchtigt wird.

Laut Schätzungen der Weltgesundheitsorganisation sind derzeit über 10.000 monogenetische Krankheiten bekannt; oft aber nur phänotypisch.[24] [25] Die Online Mendelian Inheritance in Man (OMIM) ist eine Online Datenbank, die sich mit den Genen des Menschen und deren Mutationen beschäftigt. Laut der Statistik vom 30. März. 2011 sind derzeit 6727 monogene Krankheiten bekannt, davon allerdings nur 2993 mit bekannter genetischer Ursache.[26] Das heißt, der Anteil der genetisch bekannten Krankheiten liegt bei nur 45%.

Bei den monogenen Krankheiten ist der Gentest aussagekräftig, da die meisten monogenen Krankheiten eine hohe oder sogar 100%ige Penetranz haben. Die Penetranz bezeichnet die Wahrscheinlichkeit, mit der ein bestimmter Genotyp[27] den zugehörigen Phänotyp ausbildet. Sollte also eine Mutation am bekannten Gen festgestellt werden, ist fast sicher, dass diese Krankheit auftritt. Dabei zeigt sich aber nicht, wann die Krankheit ausbricht. Wenn man beispielsweise mit 20 die Diagnose auf eine schwere Krankheit bekommt, kann diese auch erst im Alter von 70 auftreten. Man muss dann sein ganzes Leben mit der Diagnose verbringen.

Bei einer monogenen Erkrankung kann das entsprechender Gen jedoch von unterschiedlichen Mutationen betroffen sein, woraus resultiert, dass die Krankheiten unterschiedlich ausgeprägt seien können und dementsprechend unterschiedliche Behandlungsmethoden erfordern.

---

[22] Vgl. Pohl-Eckerstorfer, Ingrid (2006): Gentests im Unternehmen, Zürich, S.32
[23] Zähflüssigkeit
[24] Auch: Erscheinungsbild, Summe aller Merkmale eines Organismus, festgelegt durch Genotyp
[25] Vgl. Weltgesundheitsorganisation : Genes and human disease
[26] Vgl. Online Mendelian Inheritance in Man (2011): OMIM Statistics for March 30, 2011
[27] Vollständiger Satz der Gene

Genetischer Typ der Krankheit	Häufigkeit pro 1'000 Neugeborene in %
autosomal-dominant	7,0
autosomal rezessiv	2,5
X-chromosomal	0,5
Monogene Krankheiten insgesamt	10
Chromosomenstörung	1,8
Multifaktorielle Krankheiten	46,4

Abb. 3: Häufigkeit hereditärer[28] Erkrankungen
(eigener Entwurf nach Pohl-Eckerstorfer, Ingrid (2006), S.33)

Die sichere Diagnose trifft aber nicht auf alle Krankheiten zu. Die Häufigkeitenverteilung der erblichen Krankheiten zeigt, dass die monogenen Krankheiten mit nur 10 % einen kleinen Anteil ausmachen. Den weitaus größeren Teil der Krankheiten bilden die multifaktoriellen (polygene) Krankheiten mit 46,4 %, die im Folgenden beschrieben werden.

4.2. Polygene Krankheiten

Wie in Abbildung 1 zu sehen ist, treten die polygenen Krankheiten in der Bevölkerung viermal öfter auf als die monogenen Krankheiten. Dazu zählen z.B. der Bluthochdruck, Schizophrenie[29] oder die Alzheimer-Krankheit[30].

„Bei polygenen Krankheiten führt erst das Zusammenwirken mehrerer Genveränderungen zur Ausbildung einer Erkrankung."[31] Das bedeutet, dass hier, im Gegensatz zu den monogenen Krankheiten, die Mutation eines einzelnen Gens nicht so schwerwiegende Auswirkungen hat.

Die Diagnose polygener Krankheiten erweist sich als sehr viel schwieriger als bei den monogenen Krankheiten, da sie nicht nur aufgrund der Mutation von unterschiedlichen Genen, sondern auch von bestimmten Umwelteinflüssen, wie beispielsweise die ungesunde Ernährung, körperliche Belastung oder Rauchen, begünstigt werden. Die beteiligten mutierten Gene einer Krankheit stehen in einem komplizierten Abhängigkeitsverhältnis zueinander. Durch diese Faktoren kann eine polygene Krankheit viele verschiedene

---

[28] erblich
[29] psychische Erkrankung; Störung des Denkens, der Wahrnehmung und der Bewegung
[30] Abnahme der geistigen Leistungsfähigkeit und Veränderung der Persönlichkeit
[31] Pohl-Eckerstorfer, Ingrid (2006), S.36

Variationen aufweisen. Diese äußern sich durch unterschiedliche Erkrankungsalter, Krankheitsverläufe und Schweregrade.

Diese fließenden Übergänge zwischen den einzelnen Faktoren sollen mit Hilfe von folgender Abbildung nochmal verdeutlicht werden. Wenige Ausnahmen (S) lassen sich vollkommen auf die „Ecke" der Monogenie zuordnen. Die meisten Krankheiten (X) liegen innerhalb des Dreiecks. Je nachdem, an welchem Ort die Krankheiten liegen, überwiegt der Umwelt-, der polygene oder der monogene Einfluss.

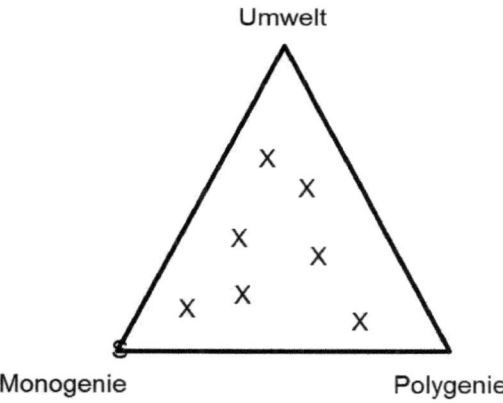

Abb. 4: Wirkungsgefügedreieck

(eigener Entwurf nach Pohl-Eckerstorfer, Ingrid (2006), S.35)

Die Aussagekraft eines Gentests bei polygenen Krankheiten ist nur sehr eingeschränkt. Bei einem solchen Gentest wird lediglich eine Abweichung von einer festgelegten genetischen Norm festgestellt. Sollte eine solche Abweichung vorhanden sein, bedeutet dies ein erhöhtes Risiko die Krankheit zu bekommen. Dabei werden allerdings die Umweltfaktoren vernachlässigt, die jedoch, wie oben beschrieben, ebenfalls mit im Gefüge stehen und eine wichtige Rolle spielen.

5. Ethische Bewertung

5.1. Vergabe von Arbeitsplätzen

Warum überlegen Unternehmen, bei der Vergabe von Arbeitsplätzen auf Gentests zurückgreifen?

Dieses hat wirtschaftliche Gründe. Die krankheitsbedingten Ausfälle führen zu hohen Kosten in den Unternehmen. Dies lässt sich anhand der Statistik der Bundesanstalt für Arbeitsschutz und Arbeitsmedizin (BAuA) aus dem Jahr 2008 verdeutlichen.[32] Dort werden die volkswirtschaftlichen Kosten durch Arbeitsunfähigkeit dargestellt. Im Durchschnitt ist jeder Arbeitnehmer 12,7 Tage im Jahr krankheitsbedingt nicht bei der Arbeit. Da man von 35,845 Millionen Arbeitnehmern ausging, sind es im Jahr 456,8 Millionen Arbeitsunfähigkeitstage, die zu einem Ausfall von rund 43 Milliarden Euro führen.

Diese Statistik beschreibt allerdings nur die Ausfälle die entstehen, wenn der Arbeitnehmer nicht auf der Arbeit ist (Absentismus). Es gibt jedoch auch noch den Präsentismus, bei dem der Arbeitnehmer trotz Krankheit zur Arbeit erscheint. Dieser bringt dabei oft nicht die volle Leistung und führt so ebenfalls zu Ausfällen. Durch genetische Untersuchungen könnten diese Kosten gesenkt werden. Anhand eines Szenarios lässt sich dies verbildlichen.

Szenario:

Der 21-jährige Florian wird nach seinem Einstellungstest ärztlich gecheckt. Dabei wird bei ihm ein erhöter Cholesterinspiegel festgestellt. Florian ist einverstanden, eine genetische Untersuchung durchzuführen, um feststellen zu lassen, wie hoch sein Risiko ist, an der koronaren Herzkrankheit [33] zu erkranken. Nachdem seine DNA-Probe im Labor analysiert wurde, liegen nun die Ergebnisse vor. Florian freut sich über ein geringeres Risiko an Brustkrebs und Alzheimer zu erkranken. Jedoch hat er ein erhöhtes Risiko für die koronare Herzkrankheit und Darm- und Lungenkrebs. Da Florian diese Ergebnisse kennt, kann er den Krankheiten nun schon vorbeugen. Dem Darmkrebsrisiko beugt er mit regelmäßigen Koloskopien [34] vor, bei der frühzeitig ein Tumor[35] erkannt und bekämpft werden kann. Da Florian nun weiß, dass er ein erhöhtes Lungenkrebsrisiko hat, versucht er seine Angewohnheit zu rauchen aufzugeben. Des Weiteren versucht er sich gesünder zu ernähren und macht regelmäßig Sport, um auch der Herzkrankheit vorzubeugen. Florian tut damit nicht nur sich selbst was Gutes, sondern auch dem Unternehmen. Denn auf Grund der Vorsorge werden seine krankheitsbedingten Fehlzeiten sinken, was bedeutet, dass das Unternehmen weniger Kosten hat.

---

[32] Vgl. Bundesanstalt für Arbeitsschutz und Arbeitsmedizin (2008): Volkswirtschaftliche Kosten durch Arbeitsunfähigkeit 2008, S.1
[33] Erkrankung der Herzgefäße
[34] Auch Darmspiegelungen; Untersuchung des Dickdarmes
[35] Neubildung von Körpergewebe durch Fehlregulation des Zellwachstums

12

Nach diesem Szenario stellt sich die Frage, warum „[i]n Europa [...] lediglich festzustellen [ist], dass es bis dato nur den einzelnen bekannten Fall eines betrieblichen Gentests gibt [...]".[36] Dabei untersuchte das britische Verteidigungsministerium Flugzeugbesatzungen auf Sichelzellen[37], da der Verdacht bestand, dass die Träger der Sichelzellen durch den niedrigen Sauerstoffdruck im Flugzeug Schaden nehmen könnten.

Das große Problem bei den Gentests ist die Diskriminierung. Dem britischen Verteidigungsministerium wurde genau dies vorgeworfen, „[...] da es in der afrokaribischen Bevölkerung viel mehr Sichelzellen-Alleleträger gebe als in anderen Gesellschaftsgruppen"[38]. Das Verteidigungsministerium wendete das Verfahren daraufhin auch nicht weiter an.

Sollte nun ein Unternehmen bei der Vergabe von Arbeitsplätzen einen Gentest durchführen lassen, um erst daraufhin zu entscheiden, ob der Arbeitsuchende genommen wird, treten Gesetzeskonflikte auf. Das Gendiagnostikgesetz (§ 4 und § 21) verbietet genau diese Benachteiligung auf Grund genetischer Eigenschaften[39]. Dieser Konflikt tritt im Szenario nicht auf. Dort wird der Arbeitssuchende erst, nachdem er eingestellt wurde, genetisch getestet. Außerdem wird Florian dabei nicht gezwungen, sondern lässt sich freiwillig untersuchen.

Eine mögliche Lösung könnte somit ein Gentest sein, der erst nach dem Unterzeichnen des Arbeitsvertrages durchgeführt wird. Dabei ist dann sichergestellt, dass diese genetische Analyse nur auf das Wohl des Arbeitnehmers abzielt und nicht auf den Gewinn bzw. Verlust des Unternehmens. Aus Sicht des Arbeitnehmers sollte der Gentest idealerweise erst nach der Probezeit[40] erfolgen. Wenn der Gentest vor Beendigung der Probezeit durchgeführt wird, könnte bei negativen Ergebnissen dem Arbeitnehmer gekündigt werden. Das Unternehmen würde dabei keine rechtlichen Schwierigkeiten bekommen, da der Kündigungsschutz erst nach Beendigung der Probezeit greift und das Unternehmen somit ohne Angabe von Gründen kündigen darf. Des Weiteren muss der Arbeitnehmer das Ergebnis der Untersuchung auch ernst nehmen und versuchen der Krankheit vorzubeugen. Ansonsten hätte der Arbeitgeber keinen Anreiz, die teuren Gentests durchführen zu lassen und diese zu bezahlen.

Dies sehen auch 120 von 353 befragten Direktoren so. Sie begrüßen Gentests, die der Arbeitnehmer freiwillig durchführen lässt, wenn sich dadurch spätere Krankheiten

[36] Pohl-Eckerstorfer, Ingrid (2006), S.5
[37] Veränderte rote Blutkörperchen; führen zu Sauerstoffmangel im Körper
[38] Pohl-Eckerstorfer, Ingrid (2006), S.5
[39] Vgl. Kapitel 3.1.1.
[40] Zeitraum, in dem Eignung für den Beruf festgestellt werden soll

feststellen lassen. Die Befragung führte das Institute of Directors (IoD)[41] im Jahr 2000 durch.

Dabei zeigt sich jedoch ein weiteres Problem betrieblicher Gentests: die Aussagekraft[42]. Die monogenen Krankheiten, welche eindeutig diagnostizierbar sind, treten seltener als die polygenen auf. Die Ungenauigkeit bei den polygenen Krankheiten kann sich bei dem Arbeitssuchendem ebenfalls negativ auswirken. Er könnte z.B. eine gut bezahlte Arbeitsstelle gefunden haben und dort einen vorgeschriebenen betrieblichen Gentest durchführen lassen haben, der auf ein erhöhtes Risiko auf eine schwere Krankheit aufmerksam macht. Dem Unternehmen könnte dieses Risiko zu hoch sein und von einer Einstellung absehen. Allerdings spricht man eben nur von einem Risiko. Der Arbeitssuchende muss diese Krankheit nie bekommen, hat aber seine mögliche Arbeitsstelle auf Grund des Risikos verloren.

Noch ein Problem zeigt sich bei betrieblichen Gentests. Die Arbeitgeber könnten einen, bei der Einstellung durchgeführten Gentest zu späteren Zeitpunkten verwenden. Sollte ein Arbeitnehmer im Empfinden des Arbeitgebers nicht ausreichende Arbeit verrichten, könnte der Arbeitgeber die Kündigung auf Grund des Gentests durchführen, in dem man sagt, das Risiko an einer bestimmen Krankheit sei zu hoch. Man könnte also bei Gentests nur auf eine berufsbezogene Erkrankung, die durch eine Gefährdung am Arbeitsplatz ausgelöst wird, testen. Dieses hält auch die Hälfte der befragten Direktoren für sinnvoll. Jedoch ist dabei schwierig, die Krankheiten nach Arbeitsplätzen zu klassifizieren. Es müsste eine Festlegung erfolgen, die aussagt, welche Erkrankung an welchem Arbeitsplatz ausgelöst werden könnte.

5.2. Versicherungswesen

Im Versicherungswesen ist dies ähnlich, denn „Krankheiten können zu Ereignissen führen, die gemäß einem (Versicherungs-) Vertrag Geldzahlungen (‚Versicherungsleistungen') nach sich ziehen."[43] Die Versicherung kann somit „[...] als Zusage des Versicherers auf Ausgleich eines vorab definierten (Risiko-) Ereignisses angesehen werden." [44] Wenn der Versicherer nun, bevor der Versicherungsvertrag unterzeichnet wurde, das Risiko des Versicherungsnehmers genau kennen würde, könnte der Versicherungsbetrag[45] individuell

---

[41] Organisation, die Direktoren dient und unterstützt
[42] Vgl. Kapitel 4
[43] Schmalzhaf, Tobias (2009): Normative Analyse des Einflusses von Gentests auf Kranken- und Lebensversicherungsverträge, Trier, S.27
[44] Ebda.
[45] Gegenleistung für den Versicherungsschutz

angepasst werden. Bei einer Hausratversicherung[46] wird z.B. das Risiko eines Einbruches vorab bestimmt, indem nach der direkten Nachbarsschaft gefragt wird. Sollte der Versicherungsnehmer in einem Risikobezirk, in der nachweislich die Einbruchsquote höher als normal ist, leben, so wird auch die Versicherungsbetrag dementsprechend höher.

Für die Versicherer wäre es also von Vorteil, einen Gentest durchführen zu lassen, um spätere mögliche Erkrankungen zu kennen und dementsprechend den Versicherungsbetrag zu erhöhen, um mögliche höhere Versicherungsleistungen bereits einzukalkulieren. Dieses wird jedoch durch § 4 des Gendiagnostikgesetzes geregelt.[47] Denn keiner darf auf Grund seiner genetischen Eigenschaften benachteiligt werden, in diesem Fall mehr bezahlen als Andere. Auch hier wäre eine mögliche Lösung der freiwillige Gentest nach Vertragsabschluss. Jedoch muss auch hierbei, ebenso wie beim Arbeitsvertrag, gesichert werden, dass der Versicherungsnehmer die Ergebnisse ernst nimmt und versucht den Krankheiten vorzubeugen. Die versicherte Person wird somit wahrscheinlich seltener krank und der Versicherer muss weniger Zahlungen leisten.

Die Ausnahme, dass Versicherer bei einer hohen Versicherungssumme (300.000 Euro) nach Krankheiten fragen dürfen, egal wie diese diagnostiziert wurden, ist damit begründet, dass solch hohe Versicherungen oft dann abgeschlossen werden, wenn eine Krankheit, oder das Risiko dazu bekannt sind und der Versicherungsnehmer Behandlung o.ä. bezahlt bekommen möchten.

5.3. Partnerwahl

Auch bei der Findung des richtigen Partners können Gentests zum Einsatz kommen. Die online Plattform GenePartner bietet Gentests an, bei denen auf Grund der Kompatibilität der Gene, die für den Geruch und das Immunsystem verantwortlich sind, Personen gefunden werden sollen, die zu einem passen.

Auf Grund der Ergebnisse kann man sich dann mit „genetisch kompatiblen" Personen treffen. Ob dieses die richtige Methode ist, seinen Lebenspartner zu finden, ist fraglich. Bei solchen Tests werden das Verhalten, die Art und das Aussehen einer Person vernachlässigt, die jedoch auch wichtig sind, um den richtigen Partner zu finden.

Letztendlich muss jeder selbst entscheiden, ob er umgerechnet 70 Euro für einen solchen Gentest ausgeben will, um seinen „genetische kompatiblen Partner" zu finden.

---

[46] Versicherung für Gegenstände im Haushalt
[47] Vgl. Kapitel 3.1.1.

6. Fazit

Die Anwendungsgebiete der Gentests sind vielfältig, im Moment jedoch im wirtschaftlichen Bereich noch nicht von Bedeutung. Das Gendiagnostikgesetz verbietet die Anwendung bzw. die Benachteiligung auf Grund genetischer Eigenschaften. Dies trifft vor allem auf das Gebiet der Arbeitswelt zu. Es darf kein Gentest vor Vertragsabschluss durchgeführt werden, um das Aussortieren der Arbeitnehmer mit hohem Erkrankungsrisiko zu unterbinden.

Ich bin jedoch unter gewissen Umständen für Gentests. Sollte die zu testende Person einverstanden und Benachteiligungen ausgeschlossen sein, sollten Gentests durchgeführt werden. Dies bietet dann beiden Parteien, z.B. Arbeitnehmer und –geber, Vorteile. Der Arbeitnehmer kann sich auf mögliche spätere Erkrankungen einstellen und diesen auch vorsorgen. Der Arbeitgeber bzw. das Unternehmen hat dadurch geringere Fehlzeiten, weniger Produktionsausfall und geringere Verluste.

Darüber hinaus ist die momentane Aussagekraft der Gentests sehr begrenzt. Sollte die Technologie in den nächsten Jahren eine präzise Erkennung der, vor allem polygenen, Krankheiten bieten, sollten die Gentests neue Beachtung erhalten. Sie könnten dann auch die häufig auftretenden Krankheiten, wie z.B. der Bluthochdruck, bevor diese ausbrechen, sicher feststellen. Dadurch können die betroffenen Personen durch medizinische Vorsorge oder Anpassung des Lebensstiles (z.B. gesunde Ernährung) der Krankheit vorbeugen bzw. den Krankheitsverlauf abmildern.

7. Literaturverzeichnis

Bundesanstalt für Arbeitsschutz und Arbeitsmedizin	(2008): Volkswirtschaftliche Kosten durch Arbeitsunfähigkeit 2008, URL: http://www.baua.de/de/Informationen-fuer-die-Praxis/Statistiken/Arbeitsunfaehigkeit/pdf/Kosten-2008.pdf?__blob=publicationFile [Stand: 07.04.2011]
Bundesministeriums der Justiz	(2009): Gesetz über genetische Untersuchungen bei Menschen (Gendiagnostikgesetz - GenDG), URL: http://www.gesetze-im-internet.de/bundesrecht/gendg/gesamt.pdf [Stand: 07.04.2011]
Keikus, Claudia/ Mahmoud, Karim/ Schacht, Holger	(2000): „50 000 Verbrecher in Berlin zum Gen-Test" In: Berliner Kurier, vom 19.02.2000, URL: http://www.berlinonline.de/berliner-kurier/archiv/.bin/dump.fcgi/2000/0219/lokales/0004/index.html [Stand: 07.04.2011]
Kleinert, Reiner / Ruppert, Wolfgang / Stratil, Franz X	(2010): Mehr Erfolg in Biologie Abitur, Genetik, München [u.a.]
Lukas, Nina	(2003): Identifizierung und elektrophysiologische Charakterisierung von Mutationen im cardialen Ca2+-Freisetzungskanal/Ryanodin-Rezeptor, Bochum, URL: http://www-brs.ub.ruhr-unibochum.de/netahtml/HSS/Diss/LukasNina/diss.pdf [Stand: 07.04.2011]
Online Mendelian Inheritance in Man	(2011): OMIM Statistics for March 30, 2011 ,URL http://www.ncbi.nlm.nih.gov/Omim/mimstats.html [Stand: 30.03.2011]
Pohl-Eckerstorfer, Ingrid	(2006): Gentests im Unternehmen, Zürich
Schmalzhaf, Tobias	(2009): Normative Analyse des Einflusses von Gentests auf Kranken- und Lebensversicherungsverträge, Trier
Weltgesundheits-organisation	Genes and human disease, URL: http://www.who.int/genomics/public/geneticdiseases/en/index2.html [Stand: 30.03.2011]
Wittge, Maren	(2011): „Massen-Gentest soll 20 Jahre alten Mord aufklären" In: Berliner Morgenpost, vom 22.3.2011, URL: http://www.morgenpost.de/brandenburg/article1583301/Massen-Gentest-soll-20-Jahre-alten-Mord-aufklaeren.html [Stand: 11.04.2011]